Nossa Senhora dos Aflitos

Elam de Almeida Pimentel

Nossa Senhora dos Aflitos

Invocada em situações de sofrimento, angústia e solidão

Novena e ladainha

Petrópolis

© 2011, Editora Vozes Ltda.
Rua Frei Luís, 100
25689-900 Petrópolis, RJ
www.vozes.com.br
Brasil

1ª edição, 2011.
2ª reimpressão, 2025.

Todos os direitos reservados. Nenhuma parte desta obra poderá ser reproduzida ou transmitida por qualquer forma e/ou quaisquer meios (eletrônico ou mecânico, incluindo fotocópia e gravação) ou arquivada em qualquer sistema ou banco de dados sem permissão escrita da editora.

CONSELHO EDITORIAL

Diretor
Volney J. Berkenbrock

Editores
Aline dos Santos Carneiro
Edrian Josué Pasini
Marilac Loraine Oleniki
Welder Lancieri Marchini

Conselheiros
Elói Dionísio Piva
Francisco Morás
Gilberto Gonçalves Garcia
Ludovico Garmus
Teobaldo Heidemann

Secretário executivo
Leonardo A.R.T. dos Santos

PRODUÇÃO EDITORIAL

Aline L.R. de Barros
Jailson Scota
Marcelo Telles
Mirela de Oliveira
Natália França
Otaviano M. Cunha
Priscilla A.F. Alves
Rafael de Oliveira
Samuel Rezende
Vanessa Luz
Verônica M. Guedes

Editoração: Fernando Sergio Olivetti da Rocha
Projeto gráfico: AG.SR Desenv. Gráfico
Capa: Omar Santos

ISBN 978-85-326-4150-2

Este livro foi composto e impresso pela Editora Vozes Ltda.

Sumário

1 Apresentação, 7
2 Origem da devoção a Nossa Senhora dos Aflitos, 9
3 Novena a Nossa Senhora dos Aflitos, 13
    1º dia, 13
    2º dia, 14
    3º dia, 16
    4º dia, 17
    5º dia, 18
    6º dia, 19
    7º dia, 21
    8º dia, 22
    9º dia, 24
4 Orações a Nossa Senhora dos Aflitos, 27
5 Ladainha de Nossa Senhora dos Aflitos, 29

APRESENTAÇÃO

Nossa Senhora dos Aflitos é invocada quando estamos vivenciando momentos de angústia, estamos perdidos, não encontrando soluções para nossos problemas. Nesta hora, coloquemos nossas angústias nas mãos de Deus, por intermédio da intercessão de Nossa Senhora dos Aflitos e, com fé, encontraremos soluções para pôr fim ao nosso sofrimento.

Este livrinho contém a origem da devoção, a novena para o alcance da graça a ser alcançada, orações, ladainha e passagens bíblicas para reflexão.

Pede-se que, antes de iniciar a novena, mentalize seu pedido. Depois da oração de cada dia, reze um Pai-nosso e três Ave-Marias.

ORIGEM DA DEVOÇÃO A NOSSA SENHORA DOS AFLITOS

Esta devoção surgiu na Itália, em Turim, com uma gravura da imagem de Nossa Senhora trazida do Egito por Santo Euzébio. Por muito tempo foi venerada em um altar da igreja dedicada a Santo André. Durante quatro séculos essa imagem foi motivo de devoção, e inúmeras graças foram alcançadas, principalmente de curas de doenças.

Por volta de 820 a cidade de Turim foi invadida por pessoas que destruíam imagens religiosas. Nessa ocasião a imagem de Nossa Senhora foi guardada na cripta da igreja, em lugar secreto. Porém, a destruição de imagens durou muitos anos, e aqueles que haviam escondido a imagem morreram sem contar a ninguém o local do esconderijo.

Em 1014 um italiano de nome Arduíno, conhecido como o Marquês de Ivreia, muito doente, teve uma visão da Virgem Maria pedindo a ele que fossem construídas três capelas: uma delas nas ruínas da antiga Igreja de Santo André. Durante as escavações Arduíno foi curado, e a imagem foi encontrada intacta e, por ser uma pintura em tela, não deveria existir mais. Esse período foi marcado por guerras e epidemias, fazendo com que muitas pessoas abandonassem Turim. Com essa situação, a capela de Nossa Senhora dos Aflitos foi desmoronando aos poucos, e o quadro com a imagem de Nossa Senhora ficou entre os escombros.

Em 1104 um cego de Briançon, na França, teve uma visão da Virgem Maria. Nesse sonho Nossa Senhora prometeu lhe devolver a visão caso a Igreja de Santo André fosse encontrada sob as ruínas. O cego procurou o bispo de Turim, contou-lhe o sonho e este permitiu que fosse feita uma nova escavação no local. Foram encontrados os restos da igreja, e o quadro com a imagem de Nossa Senhora dos Aflitos estava intacto.

Comovidos pelo milagre ocorrido, os cidadãos de Turim transformaram a pequena capela em um santuário, onde a Virgem Santíssima vem sendo venerada sob o título de Nossa Senhora dos Aflitos. Quando o bispo apresentou o quadro ao cego, no mesmo momento ele enxergou.

A devoção a Nossa Senhora dos Aflitos foi propagada por José Allamano, que, durante 46 anos, transformou o santuário num centro missionário. Fundou duas congregações religiosas: a dos missionários e a das missionárias da Consolata. (*Consolata*, em italiano, significa Consoladora.) Desse modo, Nossa Senhora dos Aflitos também pode ser venerada como Nossa Senhora Consoladora dos Aflitos ou Nossa Senhora Consolata.

A representação de Nossa Senhora dos Aflitos traz a imagem de Nossa Senhora com o Menino Jesus no colo, com a mão direita elevada. Esse gesto simboliza a bênção de Deus ao povo. Ao mesmo tempo, a imagem nos mostra que Nossa Senhora volta seu olhar a nós, como fonte intercessora de graças junto ao Pai. As consolações de Maria têm como objetivo livrar o coração das preocupações e da dor, além de aproximar as pessoas de Deus.

Novena a Nossa Senhora dos Aflitos

1º dia

Iniciemos com fé este primeiro dia de nossa novena, invocando a presença da Santíssima Trindade: em nome do Pai, do Filho e do Espírito Santo. Amém.

Leitura do Evangelho: Jo 2,5
Fazei tudo o que Ele vos disser.

Reflexão
Maria, mãe de Jesus, é um exemplo para nós. A Igreja a apresenta como a "criatura por excelência", pura, simples, humilde, silenciosa, virtuosa. Ela quer partilhar conosco seu Filho, aquele que está conosco em todos os momentos, mesmo nas maiores aflições.

Oração

Nossa Senhora dos Aflitos, Virgem Santíssima, a vós recorro com muita confiança em vossa bondade. Aliviai minhas dores, alcançando-me a graça de que tanto necessito... (falar a graça a ser alcançada).

Pai-nosso.

Três Ave-Marias.

Glória-ao-Pai.

Nossa Senhora dos Aflitos, intercedei por nós.

2º dia

Iniciemos com fé este segundo dia de nossa novena, invocando a presença da Santíssima Trindade: em nome do Pai, do Filho e do Espírito Santo. Amém.

Leitura do Evangelho: Lc 1,38

Eis aqui a serva do Senhor. Aconteça comigo segundo tua palavra!

Reflexão

Desde crianças aprendemos que Maria, Nossa Senhora, foi uma pessoa meiga, conformista, passiva. Foi, aos poucos, sendo-nos apresentada como uma mulher que seguia seu Filho, estando sempre em concordância com as situações vivenciadas. Como cristãos devemos nos lembrar de que esta mulher tinha também suas características marcantes, sempre seguindo seu Filho, obedecendo a Deus, mas interferindo por seus semelhantes.

Oração

Virgem Santíssima dos Aflitos, eis-me aqui recordando vossa coragem ao consolar os apóstolos após a morte de vosso amado Filho. Consolai-me também neste difícil momento, concedendo-me a graça de que tanto preciso... (falar a graça que se deseja alcançar).

Pai-nosso.

Três Ave Marias

Glória-ao-Pai.

Nossa Senhora dos Aflitos, intercedei por nós.

3º dia

Iniciemos com fé este terceiro dia de nossa novena, invocando a presença da Santíssima Trindade: em nome do Pai, do Filho e do Espírito Santo. Amém.

Leitura do Evangelho: Jo 2,3-5

> Tendo acabado o vinho, a mãe de Jesus lhe disse: "Eles não têm mais vinho". Jesus respondeu: "Mulher, o que temos nós a ver com isso? Ainda não chegou a minha hora". Sua mãe disse aos que estavam servindo: "Fazei tudo o que Ele vos disser".

Reflexão

Maria era uma mulher de ação, decidida. Sem dar ouvidos a Jesus, chama os que serviam às mesas e diz: "Fazei tudo o que Ele vos disser". Ela "empurrou" Jesus para o primeiro milagre, pensando no desespero dos organizadores da festa.

Oração

Nossa Senhora dos Aflitos, dulcíssima mãe, tendes piedade de mim, volvei para mim vossos olhos misericordiosos, ajudando-me no alcance da graça de que tanto necessito... (fazer o pedido).

Pai-nosso.

Três Ave-Marias.

Glória-ao-Pai.

Nossa Senhora dos Aflitos, intercedei por nós.

4º dia

Iniciemos com fé este quarto dia de nossa novena, invocando a presença da Santíssima Trindade: em nome do Pai, do Filho e do Espírito Santo. Amém.

Leitura bíblica: Sl 139,1-3

Senhor, Tu me sondaste e me conheces: // Sabes quando me sento e quando me levanto, / de longe percebes os meus pensamentos. // Discernes minha caminhada e meu descanso / e estás a par de todos os meus caminhos.

Reflexão

Deus está sempre presente em nossas vidas. Com muita fé, com a mente e o espírito, busquemos ajuda em Jesus e em sua querida mãe, Nossa Senhora.

Oração

Nossa Senhora dos Aflitos, mãe querida, consolai-me, concedendo-me a graça de que tanto necessito... (falar a graça).

Pai-nosso.

Três Ave-Marias.

Glória-ao-Pai.

Nossa Senhora dos Aflitos, intercedei por nós.

5º dia

Iniciemos com fé este quinto dia de nossa novena, invocando a presença da Santíssima Trindade: em nome do Pai, do Filho e do Espírito Santo. Amém.

Leitura do Evangelho: Lc 1,37

Porque para Deus nada é impossível.

Reflexão

Muitas vezes passamos por momentos difíceis e achamos que não vamos ter força para resolver os problemas. Nessas horas, recordemos das palavras do Evangelista Lucas, acreditando que "para Deus nada é impossível".

Oração

Nossa Senhora dos Aflitos, Senhora nossa, que jamais se ouviu dizer de que alguém vos houvesse invocado e fosse por vós desamparado. Mãe querida, concedei-me a graça que a vós suplico... (falar a graça).

Pai-nosso.

Três Ave-Marias.

Glória-ao-Pai.

Nossa Senhora dos Aflitos, intercedei por nós.

6º dia

Iniciemos com fé este sexto dia de nossa novena, invocando a presença da Santíssima Trindade: em nome do Pai, do Filho e do Espírito Santo. Amém.

Leitura do Evangelho: Mt 5,4

Felizes os que choram, porque serão consolados.

Reflexão

Estas palavras foram ditas por Jesus no Sermão das Bem-Aventuranças. Ele se referia aos que buscam o consolo, a paz, a justiça... Portanto, se estamos passando por algum problema, coloquemos nossas angústias, nossas aflições nas mãos de Deus, pela intercessão de Nossa Senhora dos Aflitos, e ela há de nos ajudar a acabar com nosso sofrimento.

Oração

Ó Virgem Santíssima, Nossa Senhora dos Aflitos, a vós recorro neste momento de aflição e, confiante em vós, peço o alcance da graça de que muito necessito... (falar a graça).

Pai-nosso.

Três Ave-Marias.

Glória-ao-Pai.

Nossa Senhora dos Aflitos, intercedei por nós.

7º dia

Iniciemos com fé este sétimo dia de nossa novena, invocando a presença da Santíssima Trindade: em nome do Pai, do Filho e do Espírito Santo. Amém.

Leitura bíblica: Sl 27,1

O Senhor é minha luz e minha salvação: a quem temerei? / O Senhor é a fortaleza de minha vida: perante quem tremerei?

Reflexão

Jesus nos convida a sermos seus seguidores, a permanecer nele e Ele permanecerá em nós, com amor e carinho, sendo nosso Pastor, aquele que nunca abandona seu rebanho, aquele que é o escudo que protege o seu povo.

Oração

Nossa Senhora Consoladora dos Aflitos, dignai-vos socorrer-me nessa aflição... (fazer o pedido). Peço vossa atenção neste momento de grande sofrimento.

Pai-nosso.

Três Ave-Marias.

Glória-ao-Pai.

Nossa Senhora dos Aflitos, intercedei por nós.

8º dia

Iniciemos com fé este oitavo dia de nossa novena, invocando a presença da Santíssima Trindade: em nome do Pai, do Filho e do Espírito Santo. Amém.

Leitura do Evangelho: Mt 14,26-33

Ao vê-lo caminhar sobre as águas, os discípulos ficaram com medo. "É um fantasma", diziam, gritando de medo. Mas logo Jesus lhes falou: "Coragem! Sou eu! Não tenhais medo!" Tomando a palavra, Pedro disse: "Senhor, se és Tu, manda-me andar sobre as águas até junto de ti". Ele disse: "Vem!" Descendo do barco, Pedro caminhou sobre as águas ao encontro de Jesus. Mas, ao sentir a violência do vento, ficou com medo, começou a afundar e gritou: "Senhor, salva-me!" No mesmo instante Jesus estendeu a mão e o segurou, dizendo: "Homem de pouca fé, por que duvidaste?" E quando os dois entraram no barco, o vento se acalmou. Então, os do barco prostraram-se diante dele e disseram: "Verdadeiramente, Tu és Filho de Deus".

Reflexão

Não basta dizermos que temos fé. É preciso sentir a fé, viver a fé, nunca duvidando da força de Deus em nossa vida. Ele tudo pode. Crendo e confiando no poder dele, conseguiremos vencer os obstáculos que surgirem em nossa vida.

Oração

Mãe da Consolação, cheio(a) de confiança, prostro-me a vossos pés, suplicando a graça de que, urgentemente, necessito... (fazer o pedido).

Pai-nosso.

Três Ave-Marias.

Glória-ao-Pai.

Nossa Senhora dos Aflitos, intercedei por nós.

9º dia

Iniciemos com fé este nono dia de nossa novena, invocando a presença da Santíssima Trindade: em nome do Pai, do Filho e do Espírito Santo. Amém.

Leitura bíblica: Sl 142,2-3

Em voz alta eu clamo ao Senhor, / em voz alta eu suplico ao Senhor. // Derramo diante dele a minha queixa, / diante dele exponho minha angústia.

Reflexão

Todos nós precisamos de ajuda e vamos encontrá-la através de orações, de muita fé em Deus. Otimismo, determinação, fé e oração podem transformar nossa vida para melhor.

Oração

Nossa Senhora dos Aflitos, mãe nossa, tende piedade de mim, socorrei-me neste momento difícil, alcançando-me a graça que a vós suplico... (falar a graça).

Pai-nosso.

Três Ave-Marias.

Glória-ao-Pai.

Nossa Senhora dos Aflitos, intercedei por nós.

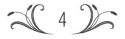

ORAÇÕES A NOSSA SENHORA DOS AFLITOS

Oração 1

Aflita se viu a Virgem Maria aos pés da cruz. Aflito(a) vejo-me eu. Valei-me Mãe de Jesus. Confio em Deus com todas as minhas forças, por isso peço que ilumine meus caminhos, concedendo-me a graça que tanto desejo... (fazer o pedido). Amém.

Reze durante três dias e faça três pedidos: um impossível e dois difíceis. Divulgue esta oração no quarto dia e aguarde os resultados.

Oração 2

Lembrai-vos, ó doce Mãe, Nossa Senhora dos Aflitos, que nos foi dada por Jesus para nosso amparo e proteção!

Cheios de confiança na vossa bondade, nós imploramos o vosso auxílio.

Socorrei-me e aqueles pelos quais eu rezo (faça seu pedido).

Mãe querida, Senhora dos Aflitos, acolhei benigna essas nossas súplicas e dignai-vos atendê-las, estendei sobre nós a vossa intercessão, voltai para nós vossos olhos misericordiosos.

(Rezar uma Ave-Maria).

Coração de Jesus crucificado, fonte de amor e de perdão, tende piedade de nós!

Ó Virgem, Mãe dos Aflitos, estendei vosso manto protetor sobre mim e minha família.

Ó Virgem gloriosa e bendita.

Amém.

LADAINHA DE NOSSA SENHORA DOS AFLITOS

Senhor, tende piedade de nós.
Jesus Cristo, tende piedade de nós.
Senhor, tende piedade de nós.

Jesus Cristo, escutai-nos.
Jesus Cristo, atendei-nos.

Pai celeste, que sois Deus, tende piedade de nós.
Deus Filho, redentor do mundo, tende piedade de nós.
Deus Espírito Santo, tende piedade de nós.
Santíssima Trindade, que sois um só Deus, tende piedade de nós.

Santa Maria, mãe de Deus, rogai por nós agora e na hora de nossa morte.

Nossa Senhora dos Aflitos, rogai por nós.

Nossa Senhora dos Aflitos, Virgem Santíssima, rogai por nós.

Nossa Senhora dos Aflitos, consoladora nossa, rogai por nós.

Nossa Senhora dos Aflitos, mãe amada, rogai por nós.

Nossa Senhora dos Aflitos, mãe compassiva, rogai por nós.

Nossa Senhora dos Aflitos, poderosa intercessora, rogai por nós.

Nossa Senhora dos Aflitos, dulcíssima mãe, rogai por nós.

Nossa Senhora dos Aflitos, mãe misericordiosa, rogai por nós.

Nossa Senhora dos Aflitos, mãe querida, rogai por nós.

Nossa Senhora dos Aflitos, mãe do bom conselho, rogai por nós.

Nossa Senhora dos Aflitos, refúgio em nossas aflições, rogai por nós.

Nossa Senhora dos Aflitos, esperança nossa, rogai por nós.

Nossa Senhora dos Aflitos, rainha no céu e na terra, rogai por nós.

Nossa Senhora dos Aflitos, rainha da paz, rogai por nós.

Cordeiro de Deus, que tirais os pecados do mundo, perdoai-nos, Senhor.

Cordeiro de Deus, que tirais os pecados do mundo, atendei-nos, Senhor.

Cordeiro de Deus, que tirais os pecados do mundo, tende piedade de nós, Senhor.

Jesus Cristo, ouvi-nos.

Jesus Cristo, atendei-nos.

Rogai por nós, Nossa Senhora dos Aflitos,

Para que sejamos dignos das promessas de Cristo.

Conecte-se conosco:

- **f** facebook.com/editoravozes
- **◉** @editoravozes
- **𝕏** @editora_vozes
- **▶** youtube.com/editoravozes
- **◉** +55 24 2233-9033

www.vozes.com.br

Conheça nossas lojas:
www.livrariavozes.com.br

Belo Horizonte – Brasília – Campinas – Cuiabá – Curitiba
Fortaleza – Juiz de Fora – Petrópolis – Recife – São Paulo

EDITORA VOZES LTDA.
Rua Frei Luís, 100 – Centro – Cep 25689-900 – Petrópolis, RJ
Tel.: (24) 2233-9000 – E-mail: vendas@vozes.com.br